香港國際詩歌之夜 *2015*
INTERNATIONAL POETRY NIGHTS IN HONG KONG

編輯 Editors

北島 Bei Dao

陳嘉恩 Shelby K. Y. Chan

方梓勳 Gilbert C. F. Fong

柯夏智 Lucas Klein

馬德松 Christopher Mattison

宋子江 Chris Song

目錄 Contents

穆罕默德·貝尼斯
Mohammed Bennis

ظنون

لهَذي الظنونِ التي
نَسْتضيءُ بها
لهَذي المَنافي التي التأمَتْ
بينَها
نُحدّد لونَ الأثرْ
وَننثُرُهُ
بجَعاً
وننثُرُهُ
موْجةً
أوْ حجَرْ

猜想

因為這些
啟迪我們的猜想
因為這些
相互交織的流亡地
我們劃定足跡的顏色
把它播撒成
　　　一隻鶇鵲
　　播撒成
　　一朵浪濤
　　　　或一粒石子

（唐珺　譯）

Doubts

With these doubts
that illuminates us

With these exiles
that interweave

We heighten the colour
of the trace
and we scatter it
            pelicans
        scatter it
            wave
                or stone

(Translated by James Kirkup)

طيـــش

لا تَسْألوهُ
عَنِ
المَسَالك
رُبّما
ثقُلتْ عَلـيْه
ليُونةُ الأغْصَان
في أفُقٍ يُهدّدُ صمْـتهُ

لا تَسألوهُ
عَنِ
المَهالك
رُبّما
عَبرتْ إليْه نهايةٌ
مِنْ شــوْقهِ

لا تَسْألوهُ
عنِ
المَناسكِ

إنَّهُ
طيشٌ رمَى
بدمَائـه
وانقَادَ للنّسـيَانْ

輕率

你們不要問他
關於道路的事
或許
枝條的柔韌
把他壓得太重
那一片天際，為他的沉默所脅迫

你們不要問他
關於險惡的事
或許
他終結的渴望
正對他潸然淚下

你們不要問他
關於
修行的事
那是輕率
放棄了自己的血液
順從了遺忘的引領

(唐珺　譯)

Frivolity

Don't ask him anything
about the pathways
perhaps he feels the weight
of the branches' lightsomeness
below the horizon threatened by silence

Don't ask him anything
about the dangers
the ending of his passion
perhaps
has its origin in him

Don't ask him anything
about the
rites
he is frivolous
he casts away his own blood
and leaps towards forgetting

(Translated by James Kirkup)

لقَـاء

تقدّمْ يا شبيهيَ في المَنام رأيتُهُ يدنُو من الصّلصَالِ
أزرقَ ثم ينفخُ في رنينيَ يومَ عادُوا شاحبينَ بصرْخةٍ
ممّا تبقّى منْ فوانيس الزيارة هذه الصّحراءُ نصْحبُها
إلى ليلٍ تدافعتِ النجُومُ على بُرودته حُميّا الضّوء
بعْثرْنا مَعادنَها لتكْتسيَ البَسيطةُ بالغناءْ

فلأيّ

رابيةٍ

سَنصْعدُ يا دَليلي

في انْكشافِ الصّمتِ بينَ حَدائقِ الأمْواتِ وسّعْ سلْسبيلَ
يديْكَ جوّفْ وردةَ التّكوينِ يعْبُرني أنينُ المُبحرينَ من
الضّفافِ إلى الضّفاف
أتلكَ

عائلتي
تذكّرْني

بشعْشعةِ المَنافي

يَسْتعيدُ
تلوّنُ الحَصبَاتِ
وحْدتَهُ
يَسوقُ دمُ المَشيئَةِ لانهايَتـهُ
يرتّلُ عُشْبَهُ
نهْرُ
المَساءْ

遇見

另一個我,快來我的夢裏。我看見他
從藍色的粘土中走近
注入我的共振裏。
那日他們憔悴歸來,
在所剩無幾的旅行燈籠裏嘶吼
我們伴隨沙漠來到黑夜
那裏的星辰把光的灼熱傾倒在寒冷裏,
我們把金屬碎片播撒,為純樸披上歌唱

　　哪個
　　山丘
　　我們將攀爬
　　啊,我的嚮導

在亡者公園顯露的寂靜裏,
快充沛你手間的醴泉,
快掘出創世的玫瑰,
水手們的呻吟穿透我
從一片海岸抵達另一片。
　　　　那是不是

我的家庭
讓我想起
流亡地的閃光

小石子的華彩
恢復了
它的孤寂。
期望的血液驅使它永恆，
夜的
河流
吟詠著綠草的頌歌。

(唐珺　譯)

Encounter

You fellow man advance In my sleep I've seen him He
approaches the blue clay Then he blows upon my
remains re-echoing That day the funereal visitors
returned all pale in the cry of the last lanterns we
accompany the desert towards night The stars there are
toppling in the cold we have dispersed the source of
light and of its ardour so that song may cover the earth

Towards
What dune
My
guide
are we going?

In the unveiling of silence in the gardens of the dead
Let the pure waters of your hands be more abundant
Dig the flower of genesis The moans of the navigators
pierce me from one bank to the other

Is it
My family
That reminds me

the radiance of exiles

The colour
of little pebbles
again harvests
its solitude
The blood of the will conducts its infinity
The river
of evening
sings the grasses' psalms

(Translated by James Kirkup)

دنَـــس

حينَ أُلاقي جسَدي الطّافحَ منْ بلَلِ الشّيْءِ الخَالصْ
وتجَاويفِ الكلمَاتْ
يتهيّاُ لي أنّي أتوضّاُ بالصّمْتِ
المَمْسُوسِ
وَبالدّنس النّشّويّ
تنْحلّ اللّطخاتْ
في مَاء الرّغْبةِ
ينْسلُّ سـديمٌ كانَ يقولْ
لا تَكْتُبْ

污穢

當我遇見我的身體
浮出純粹物體的濕潤裏
浮出詞語的內腔，
準備好清潔自己
用可觸的沉默
用醉人的污穢。
污濁消融在
慾望之水裏
薄霧在褪去
它當時在對我說
不要寫

（唐珺　譯）

Impurity

This is my body I meet it
It emerges all wet from the pure thing
and from the hollow of words
I watch myself at my absolutions
haunted by silence
with ecstatic purity
The defilements are diluted
in the waters of desire
A nothingness
that was telling me
Do not write
is withdrawing

(Translated by James Kirkup)

سيّــدة

هـيَ سيّدةٌ
يَحْتمي وجْهُهَا بالهوَاءْ
هـي نافذةٌ
كيْفَ تعْرفهَا
في اكتمالِ العرَاءْ

女士

她
是位女士
空氣護住她的面龐

她
是一扇窗
在她絕對裸露之時，
你怎麼認出她

(唐珺　譯)

Lady

She
a lady
her face is clad in air

She
her face window
empty of her
how will you be able to recognize her
in her absolute nakedness

(Translated by James Kirkup)

صَمْـت

هذَا الصمتُ في أُفُـق المكانْ
يعلُو
مِنَ الحَجرِ الدّفيءِ

لا شـيْءَ
يخدشُ مستقـرَّ أَصَابعي
وهـواءُ ليْلتـنا
تقدّمَ طائعاً
غمرتهُ سلسلةٌ منَ الصّفصافِ
رائحةُ القرنفُل
وانحناءُ الموجِ في دعَةٍ

هنا سنُقيمُ للضّحكاتُ
مسْكنَها
ونرحلُ في مُعاشَرة انفلاتِ الضوْءِ
مِنْ
أُفـقِ المكانْ

沉默

這沉默
從溫暖的石頭升起
上升至土地的天際

沒有甚麼
能抓破我手指的沉穩
我們夜晚的空氣
順從地前行
浸淫在排排柳樹、
丁香、
和波濤和緩的漣漪裏。

在這裏,我們將為笑靨
建起居所
我們將離去
伴隨飛速的光
從土地的天際出發

(唐珺　譯)

Silence

This silence rises from the warm
stone
rises to the horizon

Nothing
troubles the touch of fingers
The breeze of our night
Advances with docility
a wave of poplars submerges it
night-scenting stocks perfuming
the subdued rumblings of the eddies

Here we construct with laughter
a dwelling place and we
shall depart in company with
the flight of the radiance
that flows from the horizon

(Translated by James Kirkup)

عَمــى

يعْلُو بيَ هذا الحبْرُ إلى نفَسي
يعْلُو بيَ مُنتَصراً
ثمّ إلى حيثُ يُراودُ عيْنيَ
يعْلُو
حتّى تنْشأَ في
غَفْلة حُمّايَ
مراتيجُ
ومواسمُ حنّاءٍ
ومنازلُ منْ ليلِ الرّقصاتِ
إلى
ليْلِ الرّقصاتْ
ويكَونُ النّخْلُ قريباً من خُطواتٍ
نسيَتْ صاحبَها
ومشيئَتَها

تحتَ الصّمتِ فجَأَتُ
صريراً
دائرَةَ الشّمعِ تذوبْ

وفراشاً
ينْهضُ من لطْختهِ
وطُيوراً قادتْني
بتوزُّعهَا
لعَمَايْ

盲

這墨汁將我抬升至呼吸的高度
它威風地將我抬升
抵達那迷幻了我雙眼的高度
向上抬升
直至我迷糊的狂熱
誕生了
門閂、
紋身時節、
和家園,從舞蹈的夜
通往
舞蹈的夜。
那臨近椰棗樹的步伐
忘記了它的主人、
和它的祈願。

沉默之下,突現
嘎吱的聲響
蠟燭圈在融化
蝴蝶
從墨點中驚醒

鳥兒的紛飛
把我引向
盲

(唐珺　譯)

Blindness

This ink transports me to the heights of my breath
transports me there in triumph
it rises and my eye falls in love
rises to where my unconscious fever
unleashes disasters
festivals of henna
night that leads
to other nights of dance
the palm tree is near then
to the lost steps
neither god nor master
silence
and under the silence
a cracking surprised
like a seal that is breaking
ink stain wherein awake butterflies
word from which birds launch out
and their flight conducts me
towards blindness

(Translated by James Kirkup)

الحبّ نهرُ الأبدْ

لا شيْءَ غيرُ جداولَ
تتوَاصلُ
في عَرائهَا
هذا هُو الحبّ

أنا الذي يقولْ
ألمِثْلُ إلى مثلِهِ يسْكنُ
المثلُ بمثلِه يَتصلُ

أنا الذي يقولْ
أجزاءُ النفوسِ تتجَانسُ
وفي الأندادِ
التوافقُ

أنا الذي يقولْ
جرّبتُ
وشاهدْتُ
خذ بمَا علمتُ عنهنّ وعنّي
هُوَ الحبّ مزّاجُ النفوسِ المُتشابهَةْ

سرّ الطوقِ فيكْ

سرّ التبدّدِ

فيكْ

يا هذه النفسُ

ذاتُ العوالمِ الخفيفةْ

أنا الذي يقولْ

ما تمكّنَ من النفسِ لا يفْنَى إلا بالموْتِ

وأنتِ

طيري عالياً

وَطيري

في فضاءِ الوشمِ

تقصّدي

نداءَ الماءِ

أنتِ

بشهْوةٍ طوّقتُكِ أيتها الحَمامةْ

وأنتِ هكذا أيتها النّفسُ

غَمامَةٌ تدفعُهَا غمامَةْ

愛是永恆的河流

只有溪流才會
持久地
裸露——
這就是愛

我會這樣說：
同類在同類處獲得平靜
同類與同類可心心相印。

我會這樣說：
靈魂的組成同性同質
同類的事物
將趨於一致。

我會這樣說：
我經歷過
我見證過
帶走我從自己和女人身上學會的吧，
愛是相似靈魂的交融。

項鏈的秘密在於你
分離的秘密
在於你
呵，這靈魂
擁有許多輕微的小世界

我會這樣說：
靈魂的所為，只會被死亡毀滅
你呀
快高飛去吧
飛吧
在刺青的天宇裏
朝向那
水的召喚
你呀
我迫切為你圈上項圈，鴿子
你便這樣吧，靈魂啊
做一朵雲彩，
被另一朵雲彩向前推

（唐珺　譯）

Love is Eternity's River

Nothing but streams,
Continuous
In their nudity—
This is love.

I'm the one who says:
An analogue finds tranquillity in his analogue,
An analogue is connected with his analogue.

I'm the one who says:
The elements of the souls are homogeneous, and in
    equals
There is congruence.

I'm the one who says:
I've experienced
And I've seen.
Take what I've learnt about myself and women—
Love is a mixer of similar souls.

The secret of the necklace is in you,
The secret of dissipation is in you,
O soul that is in possession of
The light worlds

I'm the one who says:
What is firmly established in the soul
Will only perish at death.
Fly high, then,
Fly in the space of the tattoo,
Head for
The call of water.
With desire have I put a necklace
Around your neck, O soul,
Urged on by another cloud.

(Translated by Issa J. Boullata)

نَبِيـذ

أفضلُ الشرابِ (...) ما (...) يُزيّنُ الصّمت
قول عربي

صمْت
تلكَ القوافلُ عندمَا تمْتدّ في طُرقي
امتَدادَ الفجْرِ
في
كأس
أقولُ أفقْ
فراشاتٌ تطوفُ بحرِّ أنفَاسي
أرَى صمتاً تقطّرَ
من عُلوٍّ
السّكْرِ
أصْفَى دائماً أصْفَى
ولي شُعَبٌ
تُؤَيّدُ لي مَتاهاً
فالتاً
وجْهي من الزمنِ الذي يَنسدُّ عندَ جدارْ

أتابعُ صيْحةً
تنشقُّ في حلْقي
وتتركُ لي العَراءَ كأنّني وحْدي
أقيمُ
لأجْل ضوْءٍ
ربّما نادتْ عليَّ لوامعُ الكلماتِ
يا سكْرانْ
يا سكْرانْ

شبَـــح
صادفْتُ في سُكري
وُجوهاً
كنتُ أعرفُ أنّها وُلدتْ
على أرضٍ تضيعُ حدُودُها في الصّمتْ
وجوهاً
خلتُها شبَحاً
يدقّ البابَ دقّاً مُفزعاً ليلاً
وليلاً بعْدَ هذا الليْلِ

يا خمّارُ
نحنُ هُنا
نُفتّشُ عن نبيذٍ بُردُوانيٍّ
صديقٌ كانَ يُشبِهُنا
خفيفاً
سوْفَ يأتي من نداوةِ فجْرِه
فافْتحْ لنَا المزْلاجْ
لينْزلَ جسْمُهُ ضوءاً سـريعاً
بينْ كأسٍ كانَ يشْربُها
وكأسٍ
رُبّما امتلأتْ بحُفرةِ صدْرِه

نَاديْتُ
والظلماتُ تنْهشُ
نجْمةً شعّتْ
و
شـعّ
الكأسْ

葡萄酒

最美的佳釀……必裝飾以無聲
—阿拉伯俗語

無聲

那一行行駝隊，像綿延的黎明一般
在
酒杯裏
綿延在我的路途上
我說：醒來
蝴蝶環繞著我呼吸的溫熱
我看見沉默
從酣醉的高處
滴落
純淨，總是更純淨，
我的氣管
為我支援一條
放縱的迷路
我的面龐來自那被牆壁阻隔的時光
我緊隨那
綻裂在我喉腔的哭喊

只為我留下赤裸，一如我孤身一人
存在
是為了光
或許，詞語的光輝在呼喚我
你這醉鬼啊
你這醉鬼！

魂

酣醉裏，我撞見
一個個面孔
我知道他們誕生的大地
邊界已在沉默中喪失
那一個個面孔

我以為他們是魂魄
夜裏驚恐地敲著大門
一夜接著一夜
酒保啊
我們在此
搜尋著波爾多紅酒

一位曾與我們相仿的友人
將輕盈地
從他黎明的潮氣裏前來
快為我們打開門閂
讓他的身軀降下一道閃光
落在兩個酒杯間
一個酒杯為他暢飲
另一個杯子
或許盛滿了他胸口的空洞

我呼喚著
黑暗在撕咬
一顆星辰在閃光
閃光的還有
酒杯

(唐珺　譯)

Wine

Silence

These caravans when they lengthen along my roads
lengthening of morning
in
a glass
I say: awake
Butterflies swarm around the warmth of my breath
I see silence fall like a drop
From the height
of drunkenness
more pure always more pure
I bear branches
they perpetuate for me an errancy
Delivered
my face from time that is closed on a wall
I pursue a voice's cry

that breaks in my throat
and leaves a naked earth as if I were alone
remaining
in quest of light
Perhaps the flash of words is calling me
o you the drunkard
the drunkard

Spectrum

At random in my drunkenness I encountered
face
I know they were born
on an earth whose frontiers are lost in silence
Those faces

I thought I saw them in a single spectrum
that one night gives a terrifying bang on the door
on another night yet another night
Ho there landlord
here we are

we are looking for a wine a Bordelais
A friend resembled us
subtle
he will come with the dews of morning
Unbolt the door
that his body may descend
a light flying between a glass he was drinking
and another glass
filled perhaps from the hollow of his breast
I shouted
and the shadows are devouring
a star that twinkled
the glass
is shining

(Translated by James Kirkup)

سبعـــةُ طــيُور

—— إلى محمود درويش

طائرٌ أبيض

نفسٌ يتقطَّرُ
حتَّى الكثافةُ تعذُبُ
كلُّ جدارٍ يوسِّعُ تُرْعتَهُ

ويَضُمُّ النداءَ

ارتفاعٌ يظلُّ ارتفاعاً
منابعُ ضمَّتْ رياحَ الحقولْ

طائرٌ أحمَر

رُبما قطعَ النَّهَرَ في ليلةٍ
ربَّما عرَّفتُهُ الطريقُ على درجاتِ العُلوِّ

أُفكِّر في سرِّ حُمرتهِ
ثم أنْسى السماءَ
التي أخذتْهُ

هُناك

طائرٌ أخضَر

أمامَيَ ريشٌ ينامْ
وريشٌ بنارِ المسافةِ يَصعقُني
وريشٌ بلاَ جسدٍ ينثني
يتجمَّعُ
في نُقطة

بيْننا رفْرفَاتُ الكَلامْ

طائرٌ أزرق

في المساءِ يكادُ من السُّكْرِ ألاَّ يعودَ
يُفضِّلُ أنْ يسْتمرَّ الرحيلُ
بدونِ رحيلٍ

يطولُ
انعكَاسُ الأشعّةِ
في حوْضٍ مَاءْ

طائرٌ أسوَد

كلَّ شيءٍ يريدُ أنْ يتشبَّهَ به

الماءُ في الجِرار

الكلماتُ يومَ ميلادهَا

القوافلُ وهْيَ تعْبُرُ الحُدُودَ

الفتاةُ قبلَ أن يُصيبهَا النَّدى

لكنَّ الشحرورَ

لا يريدُ أنْ يتشبَّهَ

إلا بنفسه

فوقَ أغْصانِ الغبْطةِ يبقَى

طائرٌ أصفر

تلكَ النافذةُ لأجلِه لا تـزالُ مفتوحةً

وهُو وجْهاً لوجْه معَها يمكثُ مِنْ

صمتٍ كانَ يُقْبلُ ثمَّ دونَ أن يلتقطَ

الحَبَّ يطيرُ مُحلِّقاً كذلكَ أمسُهُ كان

كذلكَ غـدُهُ عندَ ابـتداءِ الفجْرْ

طائرٌ لا لوْنَ لـه

يُغردُ في ليلةٍ منْ ليالي السريرةِ مُنتَشياً
ويطيرُ
إلى حيثُ يتَّحدُ الضوْءُ بالذَّبذباتْ
هواءٌ يُفاجئُ
زائرَهُ بجناحٍ يُردِّدُ لمعاً
شديدَ التبدُّلِ أُبصرهُ منْ بَعيدْ

يطيرُ
لكيْ لا أَرَى
غيرَ هذا الذي ليسَ يُشبهُ أيَّ بعيدْ

七隻鳥

—— 致馬赫默德 · 達爾維什

白鳥

呼吸在凝結
直到密度變得適宜
每一片牆壁拓寬牠的管道

召集起呼喚

高度維持著一種高度
清泉聚攏了田野的風

紅鳥

或許牠在某個夜裏穿過河流
或許道路引導牠越過高層

我思考著牠紅色的奧秘
遂忘了帶走牠的
天空

就在那裏

綠鳥

我的面前有一片羽毛在沉睡
這羽毛，用距離的火焰擊中我
這沒有形體的羽毛，蜷曲、
聚集
在一個點裏

我們之間，言語在鼓翼

藍鳥

牠宿醉得幾乎無法歸去
牠寧願離開遠行
去繼續遠行

光的倒影
在水池裏
變長

黑鳥

每個事物都想效仿牠
壺中的清水
初生的詞語
穿越邊境的商旅
將被晨露打濕的少女

然而，畫眉鳥
模仿的
只有牠自己

牠長駐在喜悅的樹梢

黃鳥

那窗戶為了牠始終敞開
牠與窗戶面對面地維持
一如既往的沉默但牠未
啄起米粒便飛走如昨日
也一如來日破曉時

無色鳥

微醺的牠在某個隱匿的夜裏鳴叫
然後飛到一個
光與震動聯合之處
那裏的氣流
用翅膀反覆變幻莫測的閃光
震驚了來客
我從遠處也能瞥見

牠飛走了，
我所見的
唯有此物，看似並不遙遠

(唐珺　譯)

Seven Birds

—To Mahmoud Darwish

A White Bird

A breath condenses
Even density can be pleasant
Each wall widens its cracks

And retains the call

A height that remains a height
Springs that have gathered the winds of the fields

A Red Bird

It may have travelled the river in one night
The road may have guided it through the upper layers

I ponder the mystery of its redness
Then forget the sky
That has taken it

There

A Green Bird

There are sleeping feathers before me
Feathers that blast me with the fire of distance
And feathers without a body that bend
And collect
In a point

Between us speech is fluttering

A Blue Bird

So drunk in the evening it's almost unable to return
It would prefer that departure go on
Without departure

Reflections
Of light in the pool
Grow longer

A Black Bird

Each thing wants to emulate it
Water in the pots
Words on their birthdays
Caravans across borders
A girl not yet wet with dew

But the thrush
Emulates only
Itself

It stays on branches of joy

A Yellow Bird

That window remains open for it as they sit
face to face and the bird stays because of an
approaching silence until without even pecking
the grains it soars just as its past did just as its
future will at dawn

A Colourless Bird

Elated it chirps on one of the nights of solitude
Before it flies
Where light unites with vibration
A draft that startles
Its visitor with a wing whose recurrent glitter
Is ever-changing and I can see it from a distance

It flies
So that what I see
Is this thing that resembles nothing distant

(Translated by Fady Joudah)

وردةٌ من غُبـارْ

1.

تتشظّى أمكنةٌ
وهواءُ
الصّبحِ يهبّ عليّ منَ الغَلَسِ

2.

كتفي لمْ تسْتيْقظّ بعدُ
إنها غيْمةٌ تنْحني
لالتمَاع الأبدْ

3.

هلْ تخْترعُ الأشْجارُ صداهَا
أمْ
وضعَ الأعْمَى
يدهُ
في الماءْ

4.

يُطبقُ الشاعرُ
جفْنيْه

على وَرْدةٍ
من
غُبارْ

.5

ذبْذباتٌ تخْدشُ نافذتي
أغصانُ صنوْبرةٍ
تهْتزُّ قليلاً
بين رمادِ الثلوجْ

.6

ماءٌ أَمْلسُ
من أيّ شعُوبْ
عادتْ
ريحُ ورمتْ بزبرْجدةٍ في الماءْ

.7

يُمكنُ العُزلةِ
أن تُقضي باستئنافِ المُنْعرجاتْ

61

بالسّكرة
بالشّطحاتْ
لكنْ كلما حاولتُ سُؤالاً عن معنى الموْتْ
أبْصرتُ أمامي سيدةً نازفةً
خرْساءْ

8.

أللّيْلُ هنا يعْوي
طَرقاتٌ في جهةٍ مَا
وأنا
أشْربُ من خمرةِ هُلدرلينْ

9.

لمعةٌ
لمْعتانْ
هذا يكْفي للساحر
كيْ
يتأكّدَ أن الوقْتَ أليفُ
والشعرَ نداءْ

.10

لمْ يُبصرْني أحدُ
وأنا بهدُوءٍ أفْتحُ جارُوراً
لأرى
أيْنَ انْدسّتْ نفْسي

.11

لعظامي بردُ يقْضمُها
هلْ ثمةَ إسمُ
ينطفىُ اللّيْلةَ قبْلي

.12

الغمامُ الغمامْ
رقّةٌ
قفزتْ
كدتُ أحسبُ أنّ يدي
من غمامْ

.13

إلْعبْ بذُؤَابةِ شَعْري

قلتُ أَنَا

فانوسٌ

زرْبيةٌ

ثلْجٌ

وجدَارْ

.14

خطفتْ نجْمتان يدي

لحْظةً

كنتُ أَرْمقُها

ارْتعشتْ

وبكتْ

هلْ أَنا

أمْ

أنَا

塵土玫瑰

1

地點化作碎片
清晨的空氣
把我從破曉前的黑暗喚醒

2

我的肩膀仍未甦醒
好似一朵雲彩，俯身
去點亮永恆

3

是不是樹木發明了自己的回音
亦或
盲者
把他的手
放入水中

4

詩人用一朵
塵土的
玫瑰

遮住
他的雙眼

5
震動抓撓著我的玻璃窗
松樹枝條
在冰雪的灰燼間
些微地晃動

6
潤澤的水
風
是從哪個分支歸來？
把黃寶石扔進了河裏

7
孤獨
能夠引向重蹈覆轍
引向爛醉
引向迷途

可每每我試圖探詢死亡的意義
便看見眼前一位女子
流血不止、啞口失語

8

此地的夜在狂吠
道路在某個方向
而我
則在飲荷爾德林的酒

9

一道閃光
兩道閃光
這便足夠魔法師
去確定
時光可被馴服
詩歌只需召喚

10

沒有人看見我

我平靜地打開抽屜
去看看
我的心潛入了哪裏

11
我的骨骼被一股寒意咬噬
有沒有一個名字
將先於我熄滅在今夜

12
雲疊著雲
突的
一個顫動
我幾乎以為我的手
是雲做的

13
玩耍我的額髮吧
我說我是
一個燈籠

一條毯子
一捧雪
一道牆

14
一瞬間
我的手被兩顆星綁架
我看著它
顫抖著
哭泣著
我是我？
還是
我？

(唐珺　譯)

Rose of Dust

1

Shattered places
And the breeze
of dawn wakes up on me

2

My shoulder still in slumber
A cloud bowing
To the flicker of infinity

3

Is it that trees invent their echo
or
has the blind
just dipped his hand
in water

4

The poet closes
his eyes

on a rose
of
dust

5

Scratching my window-pane
the pine tree
lightly shudders
under a snow of ashes

6

Smooth water
From which paleness
did the wind return
and throw another topaz in the river

7

Solitude
could
end with winding paths
intoxication

trips
But whenever I inquire about death
a lady stands against me
impetuous and mute

8

The night barks here
Thumps somewhere
And I am drinking
Hölderlin's wine

9

A shimmer
Then another
Enough for the magician
to make sure
that time is tame
that poetry is a call

10

No one saw me
quietly opening a drawer
to see
where did my self
sneak in

11

My bones have their own biting frost
Is there a name that will go out
before me tonight

12

Clouds upon clouds
flutter
A leap
I almost thought my hand
was made of clouds

13

Play with my poetry's lock
I say
I'm a lantern
a rug
a snow
a wall

14

Two stars kidnapped my hand
For a second
I watched it
tremble
weep
Am I
or am I

(Translated by Anton Shammas)

穆罕默德·貝尼斯，1948 年生於摩洛哥費斯市，現代阿拉伯文詩歌界最重要的詩人之一。1970 年代起至今，貝尼斯已出版三十多本書籍（包括詩歌、評論、散文、翻譯、摩洛哥詩歌研究專著，以及現代阿拉伯文詩歌研究專著），並不時在阿拉伯世界各大報章雜誌發表詩歌和評論，作品譯本也見刊於歐洲、美國和日本。貝尼斯為現代阿拉伯語詩歌作出了巨大貢獻，在當今阿拉伯文化界中享有極高地位。其詩作曾被翻譯成法文、西班牙文、意大利文、土耳其文、馬其頓文，以及德文等多國語言。此外，貝尼斯亦曾將法文詩歌譯成阿拉伯文，其譯作包括《擲骰：史提芬·馬拉美詩選》(2007)。

Mohammed Bennis is one of the most important poets of modern Arabic poetry. He was born in Fez, Morocco, in 1948. He contributes energetically to modern Arabic poetry and has been widely respected in the Arab world since the 1970s. The author of more than thirty titles (poetry, prose, essays, and translations, among them, fifteen poetry collections, and studies on Moroccan poetry and modern Arabic poetry), Bennis has published in numerous newspapers and reviews all over the Arab world. Some of his poems and texts have been translated and published in collected works, reviews and newspapers in Europe, the United States and Japan. From 1995, published translations of his poetry collections and books have appeared in French, Spanish, Italian, Turkish, Macedonian and German. He has also translated French works into Arabic including *A Throw of the Dice: Poems of Stéphane Mallarmé* (2007).

出版 Publisher

香港中文大學出版社 The Chinese University Press

封面影像 Cover Image

北島 Bei Dao

出版日期 Date of Publication

二零一五年十一月 November 2015

國際書號 ISBN

978-962-996-732-1

香港國際詩歌之夜 2015 International Poetry Nights in Hong Kong 2015
主辦單位 Organizer
香港中文大學文學院 Faculty of Arts, The Chinese University of Hong Kong

協辦單位 Co-organizers
香港中文大學中國文化研究所
Institute of Chinese Studies, The Chinese University of Hong Kong
香港中文大學出版社 The Chinese University Press
香港兆基創意書院 HKICC Lee Shau Kee School of Creativity
廣州時刻文化傳播有限公司 Moment Communications

贊助 Sponsors
香港法國文化協會 Alliance Française de Hong Kong
上海廿一文化發展有限公司 Shanghai 21 Culture Promotion Co., Ltd.
中國會 The China Club
香港文學出版社有限公司 The Hong Kong Literary Press Co. Limited
斑馬谷文化發展（北京）有限公司 Zebra Valley Culture Development

Printed in Hong Kong